"Antes, sede uns para com os outros benignos, compassivos, perdoando-vos uns aos outros, como também Deus, em Cristo, vos perdoou."

Efésios 4:32

Posso Contar com Deus

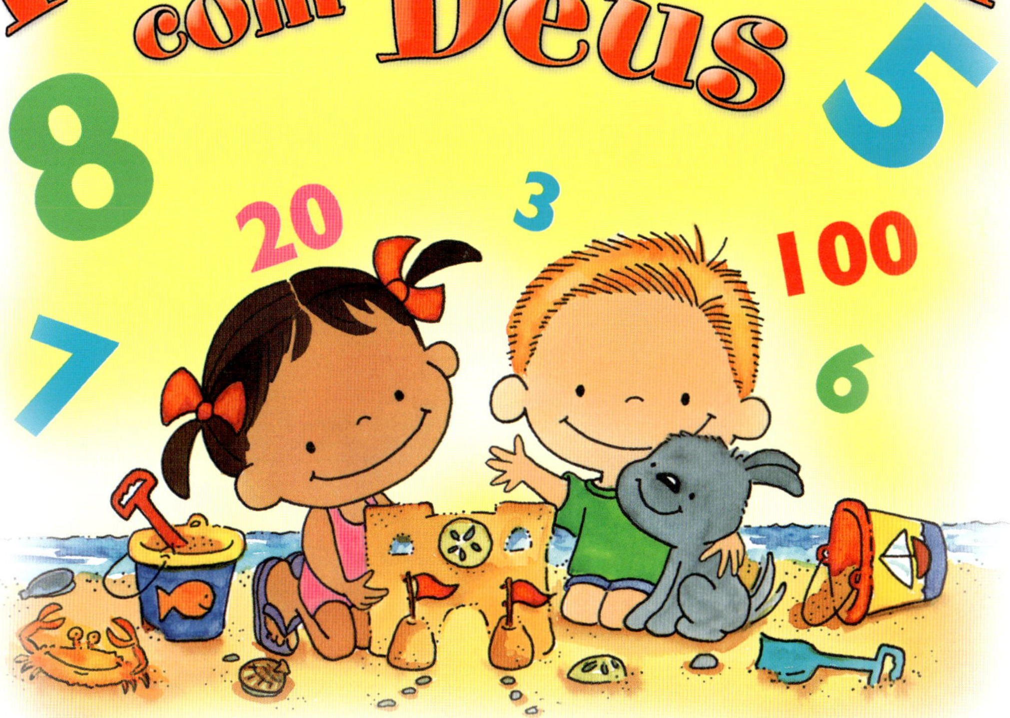

Escrito e ilustrado por
Debby Anderson

Querido Geniozinho da Matemática,
Divirta-se contando até 100, quando abrir e fechar este livro. Procure e mostre todos os números 7. Procure todos os que são da turma dos 30. Conte de 2 em 2, de 5 em 5, de 10 em 10. Encontre os gêmeos (11, 22, 33...)!

Um obrigado muito especial:
Matios Abebe, Ivan Castro, David Krug, Caitlin Rosaphangthong, Hayden Williamson, e para Laura Krug, fotógrafa deles.

Kindness Counts!
Text and illustrations copyright © 2007 by Debby Anderson
Published by Crossway Books
        a publishing ministry of Good News Publishers
        Wheaton, Illinois 60187, U.S.A.
        www.crossway.org
This edition published by arrangement with Good News Publishers. All rights reserved.

© 2010 Publicações Pão Diário
Tradução: Rita Rosário
Revisão: Anita Nascimento e Denise Carón Lopes
Diagramação: Audrey Ribeiro
Ilustrações: Debby Anderson

Proibida a reprodução total ou parcial, sem prévia autorização, por escrito, da editora.
Permissão para reprodução: permissao@paodiario.org
Todos os direitos reservados e protegidos pela Lei 9.610 n.º 9.610/98.
Exceto se indicado o contrário, as citações bíblicas foram extraídas da Edição Revista e Atualizada de João F. de Almeida © 1993 Sociedade Bíblica do Brasil.

Publicações Pão Diário
Caixa Postal 4190, 82501-970, Curitiba/PR, Brasil
publicacoes@paodiario.org
www.publicacoespaodiario.com.br
Telefone: (41) 3257-4028

Código: ME539
ISBN: 978-1-60485-268-4
Impresso na China
2.ª impressão: 2013 • 3.ª impressão: 2020

Para Gordon,
A pessoa mais bondosa que eu conheço!
Posso sempre contar com você!
Você é único!

Você é
1
em
1.000.000!

A bondade nos faz sorrir! No outono, o vovô me ajudou a plantar tulipas vermelhas e amarelas para a vovó. Esperamos durante todo o inverno para elas florescerem. Agora é primavera e já temos 6 tulipas! *Atos 14:17*

$$3 + 3 = 6$$

Temos aqui 3 flores. Quantas flores são amarelas? Quantas flores temos no total? Qual será a cor da tulipa que logo irá florescer? Qual delas é a maior? Qual delas é a menor? Quais são as do mesmo tamanho?

Às vezes é difícil ser bondoso. Estamos limpando nossos quartos e separando os nossos brinquedos em baldes coloridos. *1 Tessalonicenses 1:3*

Qual o balde que tem mais objetos? Qual o balde que tem menos? Quais os baldes com o mesmo tanto de objetos?

Como posso ajudar a pôr em ordem a coleção de ursinhos da minha irmã?

Eu posso separá-los por tamanho. Qual deles é o maior… e o menor? Quais deles têm o mesmo tamanho?

Nós gostamos de separar moedas! Com R$5,00 vamos comprar material escolar para as crianças que passam dificuldades neste momento. Bondade quer dizer: dar e compartilhar.

Provérbios 14:31

100 centavos	= R$1,00	4 moedas de 25 centavos	= R$1,00
20 moedas de 5 centavos	= R$1,00	1 real	= R$1,00
10 moedas de 10 centavos	= R$1,00		

A bondade ajuda a nos entendermos melhor.
Nosso trem carrega zilhões de zebras e animais do zoológico.

Efésios 4:32

2 zebras + 2 avestruzes = 4 animais

3 pinguins + 1 urso = 4 animais

Quantos quadrados verdes existem no letreiro do zoológico? Círculos azuis? Retângulos vermelhos? Triângulos alaranjados?

$$4 + 4 + 4 + 4 = 16$$

1 jacaré + 3 hipopótamos = 4 animais

Meu calendário mostra quantos dias faltam para o meu aniversário. Estou convidando 5 amigos para minha festa.

Hoje é o dia 1.º de junho. Quantos dias faltam?
Quero dar duas bexigas a cada amigo.
Quantas bexigas preciso ter?

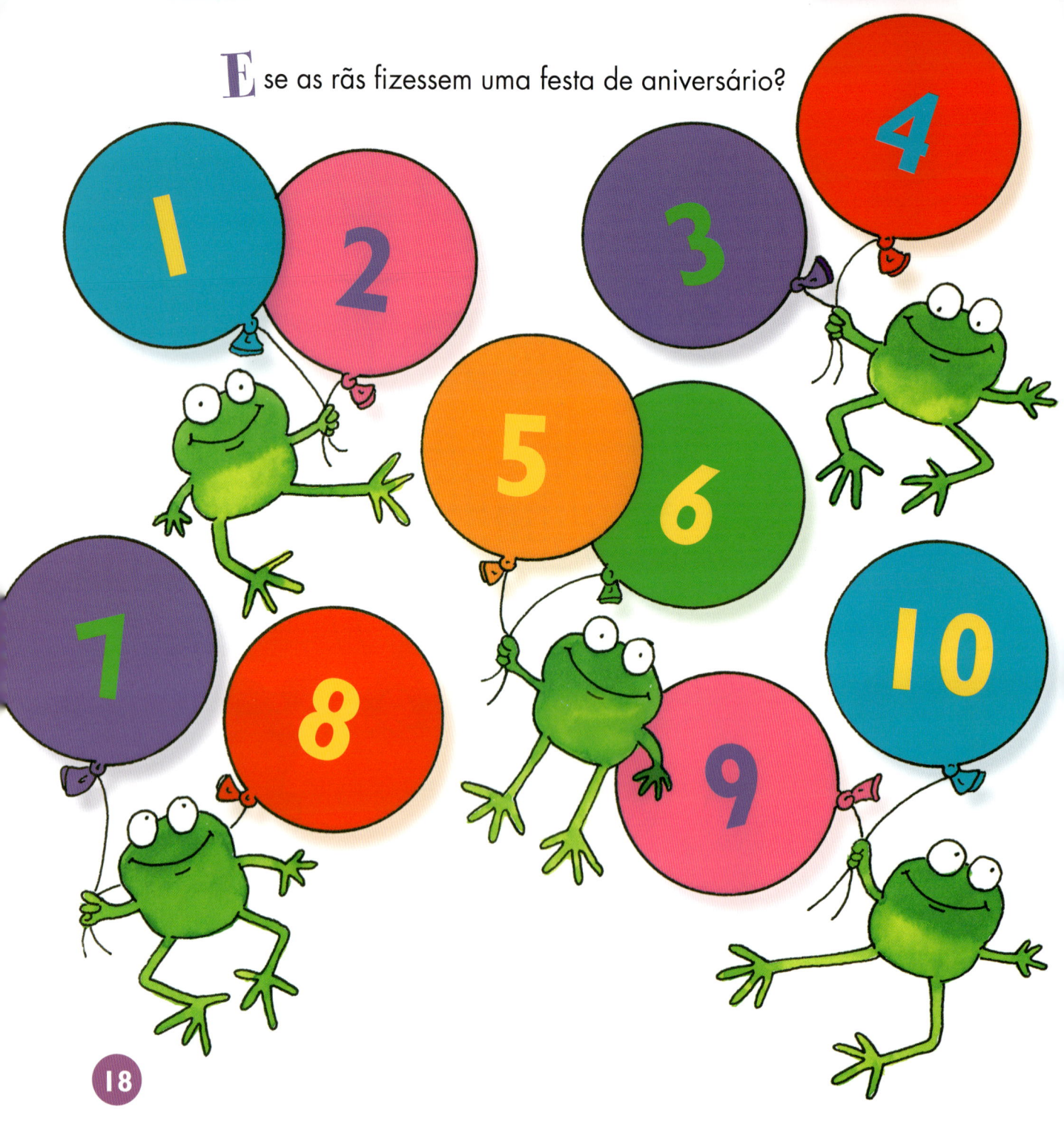

Quantas bexigas iriam precisar?

Nem sempre tenho vontade de ser bondoso...!
Mas eu sei que Deus vai me ajudar a ser bondoso e a perdoar.

Filipenses 4:13

Temos aqui 2 meninas e 3 meninos. Quantas crianças no total? Quem é o primeiro na fila? O segundo? O terceiro? O quarto?

$$3 + 2 = 5$$

Às vezes ser bondoso também quer dizer fazer um pouco de sujeira. Mamãe e eu contamos, medimos e envasamos a geleia de maçãs.

1 + 5 = 6   1 xícara de maçãs picadas e mais 5 xícaras com outros pedaços de maçã nos dão 6 xícaras de maçãs.

Papai e eu contamos e medimos as tábuas para fazer uma prateleira nova para mamãe! Nós usamos uma fita métrica e um lápis...

4 + 2 = 6   4 centímetros + 2 centímetros = 6 centímetros!

Qual a coleção que tem o maior número de conchas? E a menor?

...Mas Deus mede o oceano com as Suas mãos.
Ele pesa as montanhas e ilhas.
Ele conta as nuvens grandes e as estrelas.
Em Sua bondade, Ele conta também as coisas pequenas, como as nossas lágrimas, os cabelos em nossas cabeças e os poucos fios que perdemos...

Jó 38:37; Salmos 56:8; 147:4; Isaías 40:12, 15; Mateus 10:30

...ovelhas! A Bíblia relata sobre um bondoso pastor que tinha exatamente 100 ovelhas. Mas um dia, ele contou, "...95, 96, 97, 98, 99..." Uma se perdeu! E ele a procurou, pelas montanhas e vales, nos campos e florestas, aqui e acolá... em todo lugar, até que ele a encontrou... a Sua ovelhinha perdida! **100!** Jesus é o nosso Bom Pastor! Cada um de nós é importante para Ele!

Lucas 15:1-7; João 10:3, 11, 14

99 + 1 = 100

Aponte para os números à medida que mencioná-los.

Se tivéssemos que contar todos os bons pensamentos que Ele tem sobre nós, seria como se tivéssemos que contar os grãos de areia à beira-mar.

Salmo 139:17, 18

Como podemos demonstrar bondade aos outros? Ouça novamente a história deste livro e encontre duas maneiras de praticar a bondade.

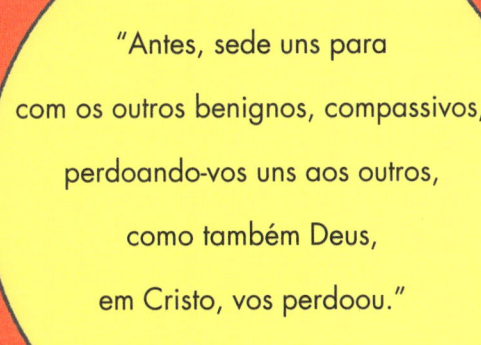

"Antes, sede uns para com os outros benignos, compassivos, perdoando-vos uns aos outros, como também Deus, em Cristo, vos perdoou."

Efésios 4:32

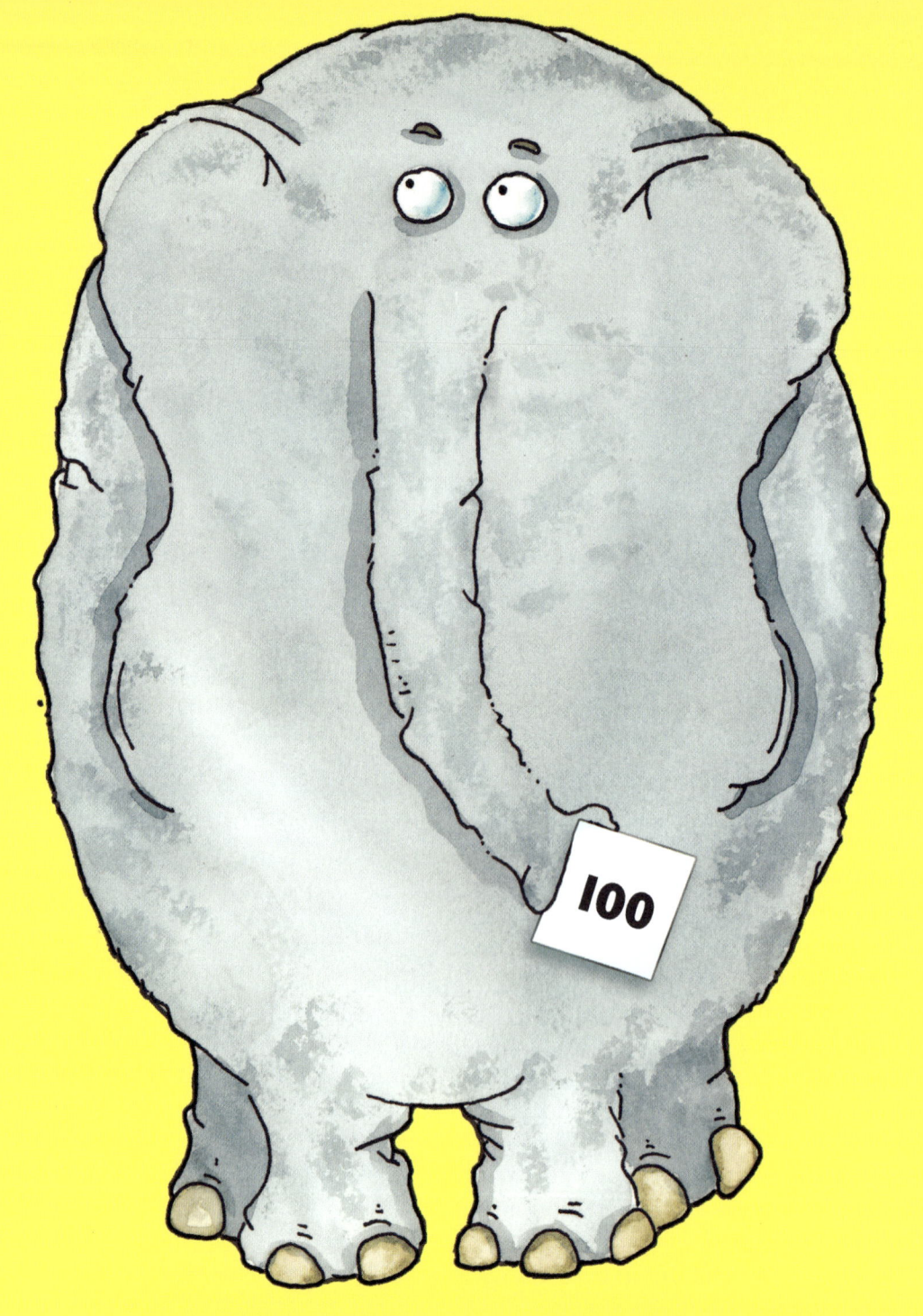